슬기로운 초등 입학 준비를 위한

자신만만
1학년

머리말

교재를 시작하기 전, 아빠, 엄마가
세상에서 가장 다정한 목소리로
아이에게 읽어 주세요.

자신만만한 1학년이 되고 싶은 친구들,
여기 모두모두 모여요!

_____

사랑스러운 우리 친구들을 위해
이은경 선생님이 재미있고, 새롭고, 신나고, 귀여운 것들을
가득가득 준비했어요.
학교에 들어가기 전 우리 친구들이 느낄 걱정을
한 방에 해결할 열쇠가 바로 이 책에 있답니다.

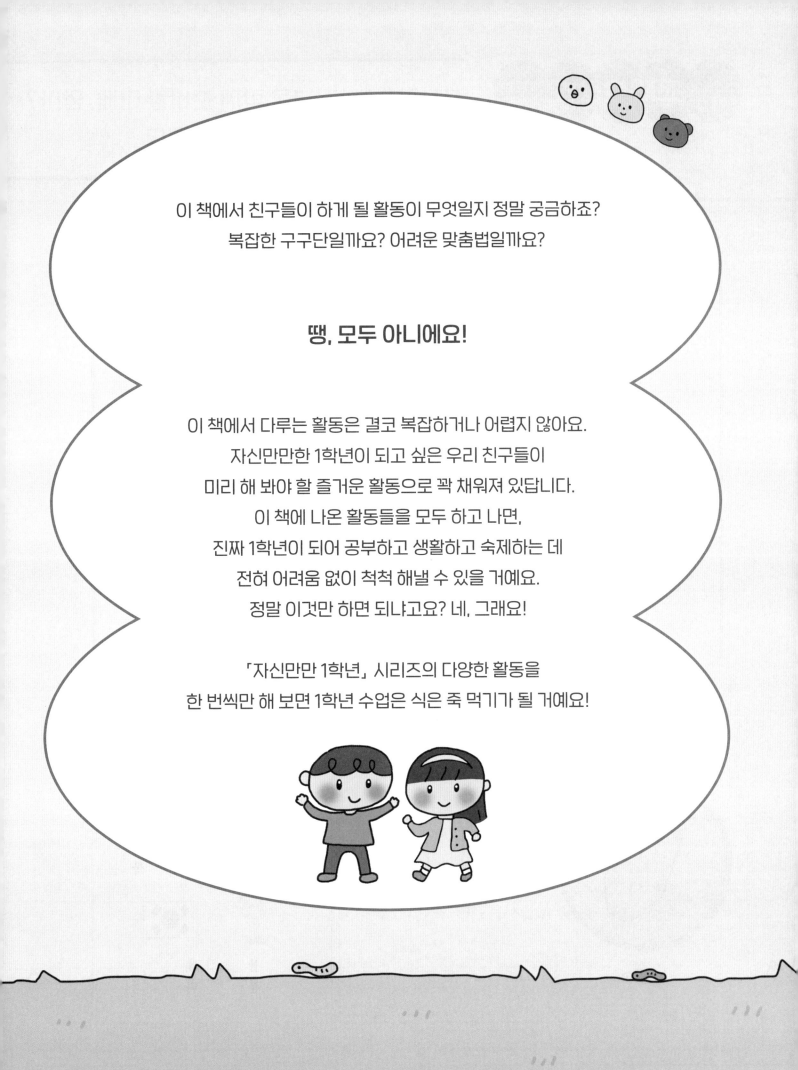

이 책에서 친구들이 하게 될 활동이 무엇일지 정말 궁금하죠?
복잡한 구구단일까요? 어려운 맞춤법일까요?

땡, 모두 아니에요!

이 책에서 다루는 활동은 결코 복잡하거나 어렵지 않아요.
자신만만한 1학년이 되고 싶은 우리 친구들이
미리 해 봐야 할 즐거운 활동으로 꼭 채워져 있답니다.
이 책에 나온 활동들을 모두 하고 나면,
진짜 1학년이 되어 공부하고 생활하고 숙제하는 데
전혀 어려움 없이 척척 해낼 수 있을 거예요.
정말 이것만 하면 되냐고요? 네, 그래요!

「자신만만 1학년」 시리즈의 다양한 활동을
한 번씩만 해 보면 1학년 수업은 식은 죽 먹기가 될 거예요!

교재 활용법 자신만만한 1학년을 함께 준비할 아빠, 엄마가 먼저 읽고, 아이에게 알려 주세요

1. 색연필로 색칠하고 그려요

소근육이 크게 발달하는 1학년 아이들에게는 연필보다 색연필이 훨씬 좋은 필기구가 되어 줄 거예요. 의젓한 자세로 뾰족한 연필을 들고 글씨를 또박또박 써 내려가려면, 뭉툭하지만 단단한 색연필로 먼저 써 보는 경험이 필요하답니다.

색연필처럼 뭉툭하게 잘 써지는 사인펜을 좋아하는 친구도 있겠지만, 사인펜은 추천하지 않아요. 색연필에 비해 너무 미끄럽거든요. 색연필로 색칠하고 따라 그리다 보면 연필로 글씨를 바르게 쓰는 데 도움이 된답니다.

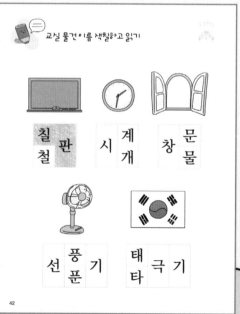

* 참 잘했어요!

각 활동마다 칭찬 스티커를 붙일 수 있는 자리가 있어요. 아이가 여러 가지 활동을 잘 해내면 부록에 있는 칭찬 스티커를 떼어 스스로 붙일 수 있게 해 주세요. 자신감과 성취감이 쑥쑥 높아질 거예요.

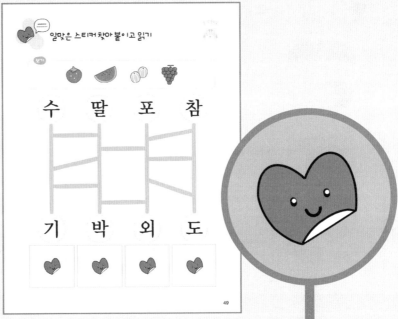

2. 스티커를 찾아 붙여요

스티커를 떼어 알맞은 곳에 붙이는 활동은 초등학교 교과서에도 자주 등장하는 중요한 활동이에요. 입학하기 전에 스티커 떼어 붙이기를 충분히 해 본 아이는 교과 수업에 자신감을 가질 수 있어요.

얼핏 단순한 놀이처럼 보이지만, 스티커를 떼어 정확한 위치에 붙이는 활동은 뇌와 눈과 손이 정확하게 협응해야만 가능한 일이에요. 아이에게 도움을 많이 주는 복잡한 활동이자, 소근육을 즐겁게 사용하도록 유도하는 만능 통치약 같은 활동이랍니다.

3. 천천히 큰 소리로 읽어요

　이제 막 초등학교에 입학할 아이에게 한글 읽기는 부담스럽고 두려운 숙제가 될 수 있어요. 한글을 먼저 떼고 줄줄 읽는 친구들이 주변에 하나둘 생기면서 아이가 벌써부터 공부에 거부감이 들거나 흥미를 잃기도 해요.

　아직 책 읽기에 익숙하지 않다면, 아이가 읽을 만한 글자를 찾아 더듬더듬 한 글자씩이라도 읽을 때마다 크게 칭찬해 주세요. 아빠, 엄마가 억지로 읽어보게 시키거나 잘 읽지 못했다고 혼내지 않기 위해 마음을 다잡아 주세요. 책을 잘 읽는 아이라면 천천히 큰 소리로 읽게끔 유도해 주세요.

4. 연필로 또박또박 써요

아이의 1학년 입학을 앞둔 엄마, 아빠의 조급한 마음을 잘 압니다만 누가 더 빨리 연필을 잡고 글씨를 쓰느냐로 결정되는 건 아무것도 없답니다. 한글을 먼저 읽는 순서대로 좋은 대학에 합격하는 것이 아니듯, 쓰기를 시작하는 시기 역시 크게 중요한 건 아니에요. 아이가 책을 여기저기 넘기며 따라 쓰기, 찾아 쓰기의 등의 여러 활동을 하는 과정에서 자연스럽게 연필로 글자를 흉내 내며 쓰는 시기가 올 거예요. 그때가 되면 세상에서 가장 큰 박수로 아이의 성장을 기뻐하는 엄마, 아빠가 되어 주세요.

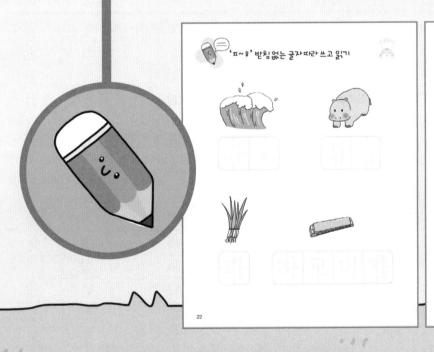

이렇게 공부할래요!

정답은 **92쪽**에

1

글자 찾아 읽기

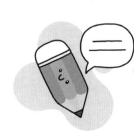

'가~마' 찾아 연결하고 읽기

ㄱ + ㅏ •   •  라

ㄴ + ㅏ •   • 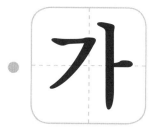 가

ㄷ + ㅏ •   • 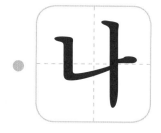 나

ㄹ + ㅏ •   • 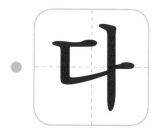 다

ㅁ + ㅏ •   • 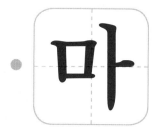 마

ㅂ + ㅏ •   • 바

ㅅ + ㅏ •   • 자

ㅇ + ㅏ •   • 아

ㅈ + ㅏ •   • 차

ㅊ + ㅏ •   • 사

'카~하' 사다리 따라가서 읽기

ㅋ + ㅏ   ㅌ + ㅏ

ㅍ + ㅏ   ㅎ + ㅏ

카 파 타 하

ㅇ + ㅑ •

• 겨

ㄱ + ㅕ •

• 야

ㄴ + ㅑ •

• 쇼

ㅅ + ㅛ •

• 유

ㅇ + ㅠ •

• 냐

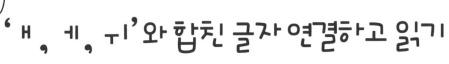

참 잘했어요

애

시계

계산

좌우

과자

소화기

회오리

최고

17

참 잘했어요

안 돼	안 되

샤와	샤워

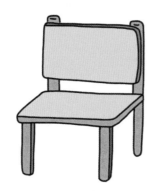

의자	위자

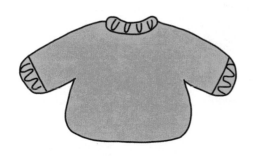

스왜터	스웨터

'ㄱ~ㄹ' 받침 없는 글자 따라 쓰고 읽기

 참 잘했어요

개

나비

다리

라디오

참 잘했어요

무지개

바구니

사자

아기

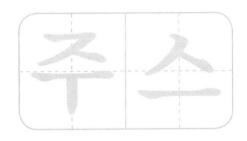

주스

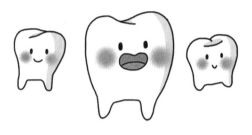

치아

코

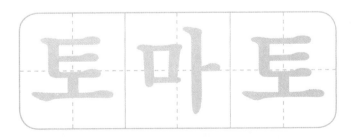

토마토

파도

하마

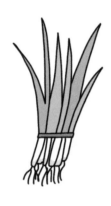

파

하모니카

참 잘했어요

그림에 알맞은 낱말 찾아 읽기

마미 / 모미 / (매미)

비 / 배 / 벼

서과 / 수과 / 사과

조기 / 조개 / 주개

그림에 알맞은 낱말 찾아 읽기

자도 / 조도 / 자두

고초 / 고추 / 과추

포다 / 푸도 / 포도

쿠키 / 코키 / 카키

그림에 알맞은 낱말 찾아 읽기

참 잘했어요

토마토 / 투마토 / 타마토

지포 / 지파 / 지퍼

루멘 / 라면 / 러면

버다 / 바다 / 바도

그림에 알맞은 낱말 찾아 읽기

피아노 / 피애노 / 피아나

커메라 / 카메라 / 크메라

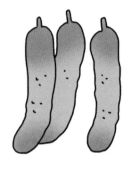

아오 / 오아 / 오이

하수아비 / 허수아비 / 허사아보

그림에 알맞은 받침 있는 낱말 찾아 읽기

고양이 / 고앵이 / 고맹이

다람쥐 / 다람지 / 다남쥐

캉거루 / 캥거루 / 콩거루

달고래 / 돌고래 / 덜고래

받침이 있는 단어 찾아 읽고 색칠하기

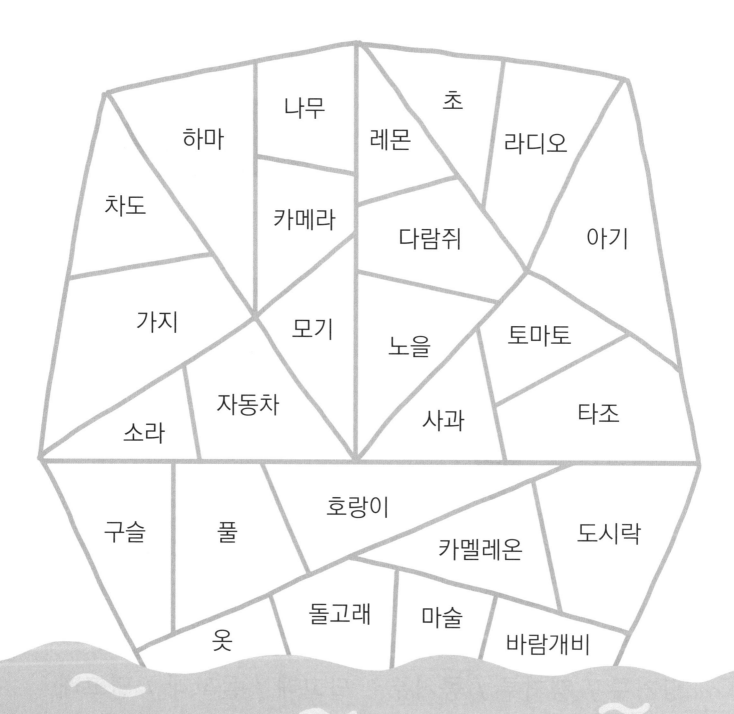

나무

초

하마

레몬

라디오

차도

카메라

다람쥐

아기

가지

모기

노을

토마토

자동차

사과

타조

소라

구슬

풀

호랑이

도시락

카멜레온

돌고래

마술

옷

바람개비

그림에 알맞은 받침 찾아 연결하고 읽기

기 코 부 파

ㅅ ㅁ ㄹ ㅇ

붓 김 팔 콩

그림에 알맞은 낱말 찾아 색칠하고 읽기

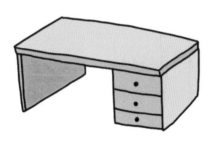

책상

착상

필통

필통

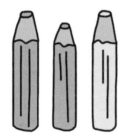

색염필

색연필

신내화

실내화

 맛있는 **빵**

 토**끼**가 **깡**충

 **짜**장면이 좋아

 **낚**시는 즐거워

쌍자음이 들어간 낱말 따라 쓰고 읽기

코뿔소

뻐꾸기

쓰레기

찌개

학교 가는 길은 즐거워요.
오늘은 내가 좋아하는 것들을 떠올리며 학교에 갈 거예요.

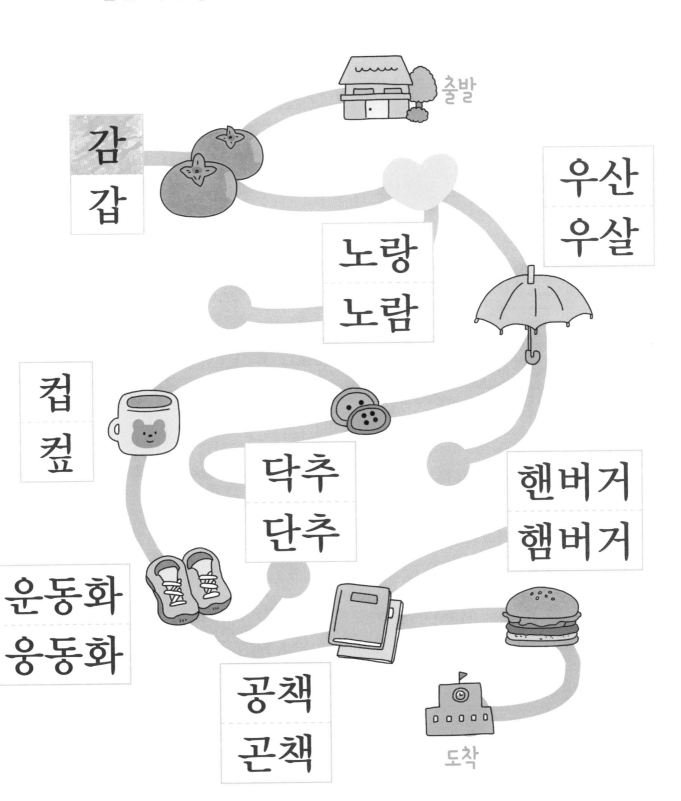

출발

감
갑

우산
우살

노랑
노람

컵
컾

닥추
단추

햄버거
햄버거

운동화
웅동화

공책
곤책

도착

2

낱말 완성하고
읽기

- '가~마' 스티커를 붙여 낱말 완성하고 읽기
- '바~차' 스티커를 붙여 낱말 완성하고 읽기
- '카~하' 스티커를 붙여 낱말 완성하고 읽기
- 겹받침이 들어간 낱말 따라 쓰고 읽기
- 겹받침이 들어간 낱말 읽기
- 교실 물건 이름 색칠하고 읽기
- 운동장 놀이기구 이름 색칠하고 읽기
- 악기 이름 따라 쓰고 읽기
- 급식실 물건 이름 찾아 읽기
- 동물 이름 찾아 읽기
- 해변가 풍경 이름 찾아 읽기
- 빈칸에 들어갈 알맞은 글자 찾아 쓰고 읽기

- 알맞은 스티커 찾아 붙이고 읽기
- 글자 연결하여 낱말 완성하고 읽기

'가~마' 스티커를 붙여 낱말 완성하고 읽기

방

코알

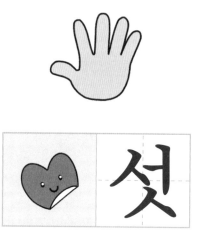

섯

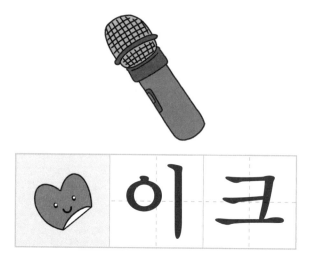

이크

하

 '바~차' 스티커를 붙여 낱말 완성하고 읽기

의

 랑

복 숭

기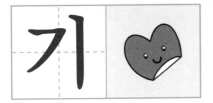

 구 니

'카~하' 스티커를 붙여 낱말 완성하고 읽기

기

| 기 | ♥ |

| ♥ | 란 | 색 |

| 파 | 프 | 리 | ♥ |

| 축 | ♥ |

겹받침이 들어간 낱말 따라 쓰고 읽기

겹받침	발음	낱말

[ㄱ]

[ㄴ]

[ㄴ]

[ㄱ]

[ㅁ]
옮기다

39

겹받침이 들어간 낱말 따라 쓰고 읽기

겹받침	발음	낱말
괢	[ㅂ]	밟다
꾣	[ㄹ]	핥다
끟	[ㄹ]	싫다
ㅄ	[ㅂ]	값

맑다

앉다

옮기다

많다

읽다

흙

밟다

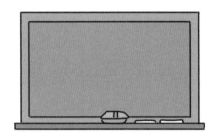

칠
철 판

시 계
개

창 문
물

선 풍
푼 기

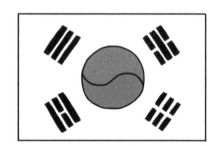

태 극
타 기

42

운동장 놀이기구 이름 색칠하고 읽기

그 내네

철 본봉

정점 글 짐

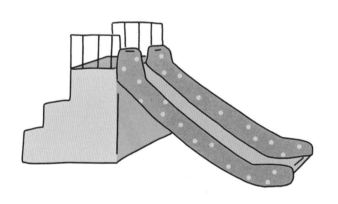

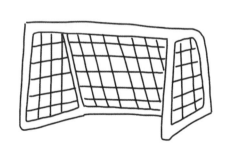

미 끄 럼롬 틀

축 구 골공 대

악기 이름 따라 쓰고 읽기

드럼

피아노

바이올린

탬버린

기타

급식실 물건 이름 찾아 읽기

숟	(접)	냄	국	가
가	젓	락	(시)	컵
락	밥	자	솥	비

동물 이름 찾아 읽기

참 잘했어요

보기

| 원숭이 | 코알라 | 여우 | 코끼리 |

해변가 풍경 이름 찾아 읽기

보기

구름　　파라솔　　모래　　꽃게

해변가 풍경 이름 찾아 읽기

참 잘했어요

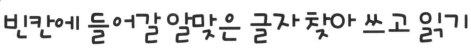

☐ 위
위 람

☐ 양 ☐
☐ 리

☐ 고
모 ☐

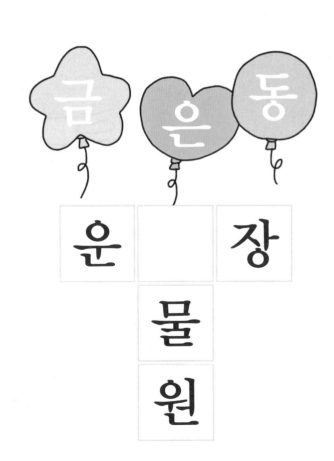

운 ☐ 장
☐ 물
원

알맞은 스티커 찾아 붙이고 읽기

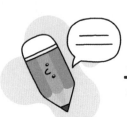

글자 연결하여 낱말 완성하고 읽기

 참 잘했어요

깡 •

엉 •

폴 •

야 •

삐 •

• 옹

• 짝

• 총

• 악

• 금

무지개

구름

우산

장화

운동화

3

문장 완성하고,
소리 내어 읽기

- 문장 완성하고, 소리 내어 읽기
- 동물의 특징 연결하고, 소리 내어 읽기
- 과일 색깔 연결하고, 소리 내어 읽기
- 탈것 연결하고, 소리 내어 읽기
- 어울리는 표현 스티커 붙이고, 소리 내어 읽기
- 동물 표정 보며 문장 완성하고, 소리 내어 읽기
- 그림에 알맞은 표현 연결하고, 소리 내어 읽기

문장 완성하고, 소리 내어 읽기

하늘에서 (비가) / 눈이 와요.

개구리가 신나게 뛰어요. / 기어요.

아이가 / 할머니가 방긋 웃어요.

문장 완성하고, 소리 내어 읽기

사자는 배가

나왔어요.
아파요.

의사 선생님 빨리

도와주세요.
도망가세요.

야호,
엉엉!

다 나았다!

문장 완성하고, 소리 내어 읽기

참 잘했어요

친구와　　떡볶이를 / 솜사탕을　　먹었어요.

아휴! 너무　　맵다. / 달다.

음료수를 / 아이스크림을　　한 컵 마셨어요.

문장 완성하고, 소리 내어 읽기

놀이터에서

집에서

동생과 놀아요.

앗!

넘어졌어요.

일어났어요.

무릎을

엉덩이를

다쳤어요.

악어는

곰은

상어는

토끼는

힘이 세요.

입이 커요.

귀가 길쭉해요.

이빨이 뾰족해요.

과일 색깔 연결하고, 소리 내어 읽기

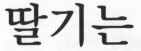

딸기는  ●

●  초록색

오이는 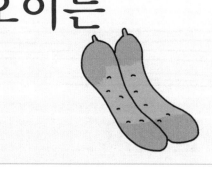 ●

●  빨간색

참외는  ●

●  주황색

귤은  ●

● 노란색

탈것 연결하고, 소리 내어 읽기

기차는 •

물 위를 다녀요.

비행기는 •
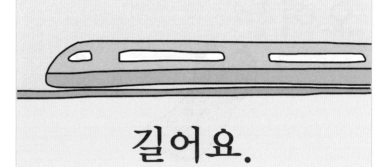

길어요.

배는 •

바퀴가 네 개예요.

자동차는 •

하늘을 날아요.

어울리는 표현 스티커 붙이고, 소리 내어 읽기

보기

살금살금   꿈틀꿈틀   보슬보슬   싱글벙글

지렁이가

기어가요.

아빠가

웃어요.

비가

내려요.

엄마가

걸어가요.

어울리는 표현 스티커 붙이고, 소리 내어 읽기

 보기

| 콜록콜록 | 파닥파닥 | 까르르 | 헉헉 |

  숨이 차요.

기침을 해요.

아기가
  웃고 있어요.

물고기가
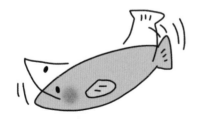  뛰고 있어요.

고양이는 • • 슬퍼요.

여우는 • • 기뻐요.

펭귄은 • • 화나요.

기린은 • • 놀라요.

참 잘했어요

•   • 개운하다

•   • 부끄럽다

•   • 졸리다

•   • 아프다

나에게는 여러 가지 표정이 있어요.
슬플 때, 행복할 때, 무서울 때 표정을 그려 보세요.

상쾌해

슬퍼

행복해

무서워

4

긴 글
소리 내어 읽기

- 봄을 표현한 글을 소리 내어 읽기

- 여름을 표현한 글을 소리 내어 읽기

- 가을을 표현한 글을 소리 내어 읽기

- 겨울을 표현한 글을 소리 내어 읽기

- 수업 규칙을 소리 내어 읽기

- 화장실 규칙을 소리 내어 읽기

- 소리 내어 읽고, 퀴즈 풀기

- 설명하는 글을 소리 내어 읽기

- 편지 소리 내어 읽기

- 동시 소리 내어 읽기

 ## 봄을 표현한 글을 소리 내어 읽기

따스한 봄이 왔어요.

꽁꽁 얼었던 시냇물이 졸졸 흘러요.

새싹이 파릇파릇 올라오고

노란 개나리도 얼굴을 내밀어요.

겨울잠 자던 동물들이 하나둘 하품하며 기지개를 켜요.

햇빛이 쨍쨍.

무더운 여름이에요.

가만히 있어도 땀이 뻘뻘 나지요.

시원한 나무 그늘에 앉아 수박을 먹어요.

맴맴 매미도 덥다고 시끄럽게 울어요.

함께 물놀이하러 갈까요?

가을을 표현한 글을 소리 내어 읽기

단풍이 울긋불긋 예쁘게 물들었어요.

노란 은행잎도 손을 흔들어요.

산들산들 부는 가을바람을 맞으며

산과 들로 나들이를 가요.

잘 익은 벼를 베는 농부의 얼굴에는 웃음이 가득.

빨갛게 익은 사과도 주렁주렁 열렸어요.

 ## 겨울을 표현한 글을 소리 내어 읽기

흰 눈이 펑펑 내려요.

털모자를 쓰고, 털장갑도 끼고 밖으로 나가요.

내 키보다 큰 눈사람을 만들어요.

친구들과 눈싸움도 해요.

발이 꽁꽁 얼어도 시간 가는 줄 모르고 신나게 놀아요.

수업 규칙을 소리 내어 읽기

교과서를 준비해요.

바른 자세로 앉아요.

선생님 말씀을 잘 들어요.

손을 들고 발표해요.

옆 사람과 떠들지 않아요.

화장실 규칙을 소리 내어 읽기

차례를 지켜요.　　　　손을 깨끗이 씻어요.

변기 물을 내려요.　　　휴지를 버리지 않아요.

장난치지 않아요.

73

소리 내어 읽고, 퀴즈 풀기

나는 길쭉하게 생겼어요.

나는 나무로 만들기도 하고,

플라스틱으로 만들기도 하고,

철로 만들기도 해요.

나는 2개가 있어야 사용할 수 있어요.

나는 밥을 먹을 때 사용해요.

나는 무엇일까요?

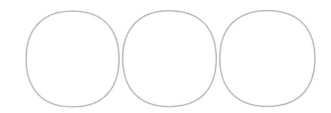

소리 내어 읽고, 퀴즈 풀기

나는 공주예요.

나는 사과를 싫어해요.

나는 눈처럼 하얀 피부를 가졌어요.

나에게는 소중한 7명의 친구들이 있어요.

나를 한때 괴롭히는 사람이 있었지만,

지금은 왕자님을 만나 행복하게 살고 있어요.

나는 누구일까요?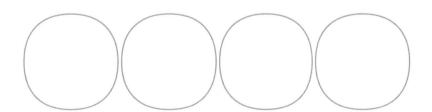

설명하는 글을 소리 내어 읽기

참 잘했어요

사슴벌레는 사슴의 뿔처럼 생긴 큰턱을 가진 곤충입니다.

보통 황갈색이나 흑갈색을 띠며,

매우 가는 황금색 잔털로 덮여 있습니다.

보통 암컷이 수컷보다 크기가 작고, 턱도 짧습니다.

사슴벌레는 알, 애벌레, 번데기의 단계를 거쳐

어른벌레가 됩니다.

편지 소리 내어 읽기

보고 싶은 할머니께

할머니, 안녕하세요?

저 가영이에요.

할머니 댁에 갈 때마다 맛있는 음식도 해 주시고, 재미있는 이야기도 많이 해 주셔서 정말 감사해요.

저도 어른이 되면 할머니가 좋아하시는 음식을 많이 사 드릴게요. 할머니, 사랑해요.

항상 건강하세요.

20○○년 7월 24일

예쁜 손녀 가영이 올림

 동시 소리 내어 읽기

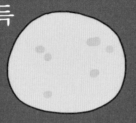

달보드레한 맛이 입 안 가득

권지영

달에서
뚝 뚝
떨어진 단물

밤새
모았다가
따끈따끈한 붕어빵을 만들어.

달보드레한 맛이
입 안 가득

내 안에도
동그랗고 노란 달이
차올라.

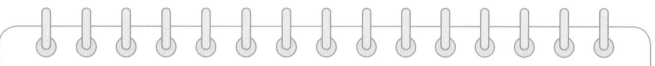

왼쪽의 시를 읽고,
시의 장면을 그림으로 표현해 보세요.

5

장면 읽고
간단한 문제 풀기

- 한 장면 소리 내어 읽기 (가 ~ 마)
- 한 장면 소리 내어 읽기 (바 ~ 자)
- 한 장면 소리 내어 읽기 (차 ~ 하)
- 문장 읽고 알맞은 그림 찾기
- 알맞은 낱말 스티커 붙이고, 소리 내어 읽기
- 간단한 문제 풀고, 정답 소리 내어 읽기
- 소리 내어 글을 읽고, 알맞은 제목 쓰기
- 소리 내어 글을 읽고, 문제 풀기

가지가 자라요.

나비가 날아와요.

다 같이 노래 부르자.

라라라랄라라.

마음껏 웃어요.

二 한 장면 소리 내어 읽기 (바~자)

참 잘했어요

바람이 놀러 가요.

사과나무를 지나가요.

아이가 사과를

쳐다보아요.

"자, 먹어 보렴."

한 장면 소리 내어 읽기 (바~자)

차례차례 줄을 서.

카메라로 사진 찍자.

타조랑 찍는 거야.

파리도 함께 찍고 싶나 봐.

하하하하하, 웃음이 나.

문장 읽고 알맞은 그림 찾기

아이가 풍선을 불어요.

곰 인형이 책상 위에 있어요.

알맞은 낱말 스티커 붙이고, 소리 내어 읽기

달리기 시합을 하였어요.

가 일등을 하였어요.

이등은  예요.

 이 마지막으로 들어왔어요.

간단한 문제 풀고, 정답 소리 내어 읽기

요리할 때 사용하는 물건은?

프라이팬

국자

연필

양말

뒤집개

냄비

리모컨

책가방에 넣어야 하는 물건은?

필통

책

곰인형

색연필

신발

공책

축구공

텔레비전

참 잘했어요

소리 내어 글을 읽고, 알맞은 제목 쓰기

제목 :

_____

저녁을 먹으러 식당에 갔습니다.

엄마는 볶음밥,

아빠는 짬뽕,

나는 짜장면을 시켰습니다.

탕수육도 함께 주문하였지요.

사이좋게 냠냠,

나누어 먹었어요.

참 잘했어요

제가 소개할 꽃은 진달래입니다. 진달래는 봄꽃 중에서도 일찍 피는 꽃입니다. 이파리보다 꽃이 먼저 피고, 연분홍색입니다. 먹을 수도 있는 꽃이라 전을 부쳐 먹기도 하고, 비빔밥에 넣어 먹기도 합니다.

1. 무엇을 소개하고 있나요? (   )

2. 진달래는 무슨 색인가요? (   )

소리 내어 글을 읽고, 문제 풀기

나는 아침 일찍 잠에서 깼다. 이불 정리를 하고 화장실로 갔다. 세수도 깨끗이, 양치도 깨끗이 했다. 매일 깨워야 일어나는 내가 스스로 학교 갈 준비를 하고 나오니 엄마가 깜짝 놀라셨다. 나도 뿌듯했다.

1. 내가 아침에 한 일이 <u>아닌</u> 것은 무엇인가요? (   )

   ① 이불 정리

   ② 세수와 양치

   ③ 아침밥 먹기

2. 엄마는 어떤 마음이 들었을까요? (   )

   ① 슬픈 마음

   ② 화나는 마음

   ③ 흐뭇한 마음

학교 갈 준비를 해요.
각각의 이름을 읽어 보세요.

실내화

공책

연필

신발

옷

책가방

정답

12~13쪽

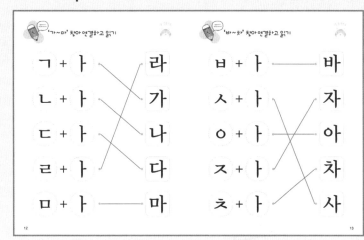

14~15쪽

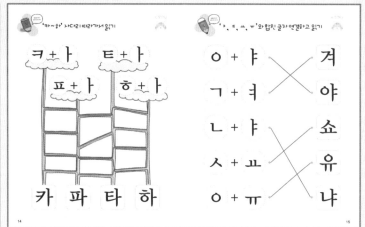

16~17쪽

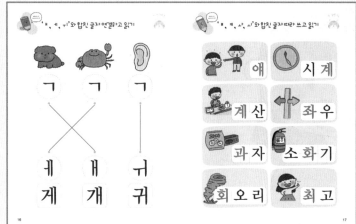

18~19쪽

20~21쪽

22~23쪽

24 ~ 25쪽

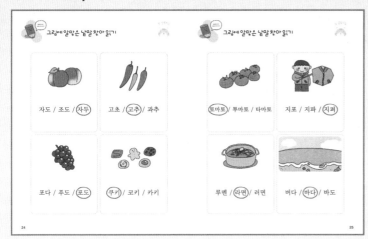

26 ~ 27쪽

28 ~ 29쪽

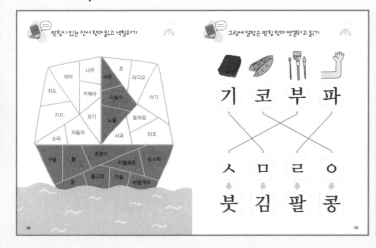

30 ~ 31쪽

32 ~ 33쪽

36 ~ 37쪽

정답

38 ~ 39쪽

40쪽

42 ~ 43쪽

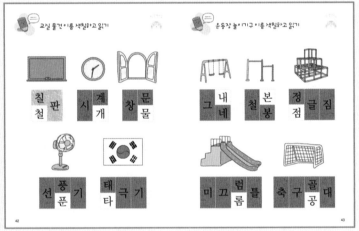

44 ~ 45쪽

48 ~ 49쪽

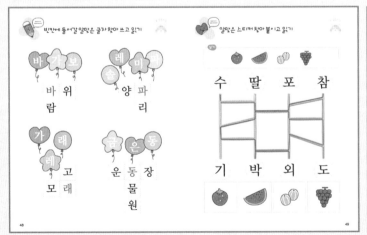

50쪽

54 ~ 55쪽

56 ~ 57쪽

58 ~ 59쪽

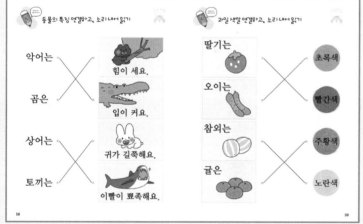

60 ~ 61쪽

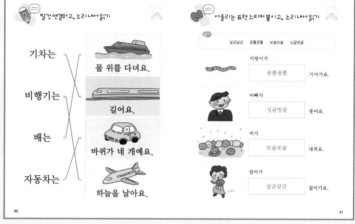

62 ~ 63쪽

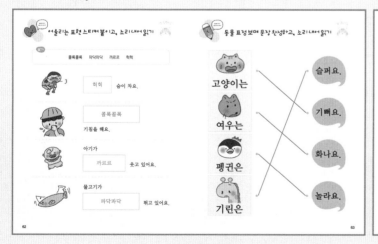

64 ~ 65쪽

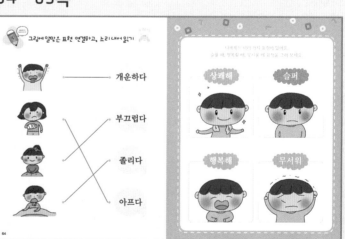

정답

74 ~ 75쪽

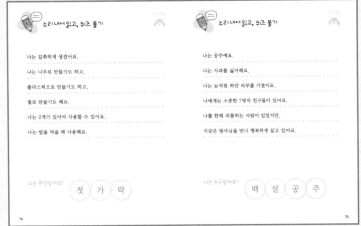

소리 내어 읽고, 퀴즈 풀기

나는 길쭉하게 생겼어요.

나는 나무로 만들기도 하고,

플라스틱으로 만들기도 하고,

철로 만들기도 해요.

나는 2개가 있어야 사용할 수 있어요.

나는 밥을 먹을 때 사용해요.

나는 무엇일까요? 젓 가 락

소리 내어 읽고, 퀴즈 풀기

나는 공주예요.

나는 사과를 싫어해요.

나는 눈처럼 하얀 피부를 가졌어요.

나에게는 소중한 7명의 친구들이 있어요.

나를 한때 괴롭히는 사람이 있었지만,

지금은 왕자님을 만나 행복하게 살고 있어요.

나는 누구일까요? 백 설 공 주

79쪽

85쪽

86 ~ 87쪽

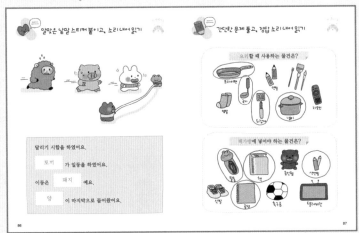

알맞은 낱말 스티커 붙이고, 소리 내어 읽기

달리기 시합을 하였어요.

토끼 가 일등을 하였어요.

이등은 돼지 예요.

양 이 마지막으로 들어왔어요.

88 ~ 89쪽

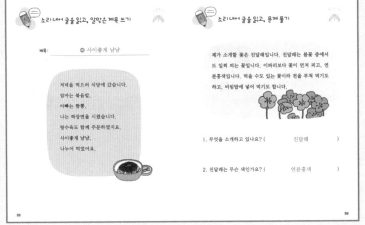

소리 내어 글을 읽고, 알맞은 제목 쓰기

제목 : 😊 사이좋게 냠냠

저녁을 먹으러 식당에 갔습니다.

엄마는 볶음밥,

아빠는 탕볶,

나는 짜장면을 시켰습니다.

방수육도 함께 주문하였지요.

사이좋게 냠냠,

나누어 먹었어요.

소리 내어 글을 읽고, 문제 풀기

제가 소개할 꽃은 진달래입니다. 진달래는 봄꽃 중에서 도 일찍 피는 꽃입니다. 이파리보다 꽃이 먼저 피고, 연분홍색입니다. 먹을 수도 있는 꽃이라 전을 부쳐 먹기도 하고, 비빔밥에 넣어 먹기도 합니다.

1. 무엇을 소개하고 있나요? (진달래)

2. 진달래는 무슨 색인가요? (연분홍색)

90쪽

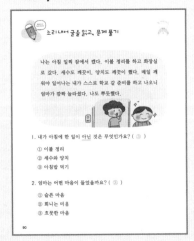

소리 내어 글을 읽고, 문제 풀기

나는 아침 일찍 잠에서 깼다. 이불 정리를 하고 화장실 로 갔다. 세수도 깨끗이, 양치도 깨끗이 했다. 매일 깨 워야 일어나는 내가 스스로 학교 갈 준비를 하고 나오니 엄마가 깜짝 놀라셨다. 나도 뿌듯했다.

1. 내가 아침에 한 일이 아닌 것은 무엇인가요? (③)

① 이불 정리
② 세수와 양치
③ 아침밥 먹기

2. 엄마는 어떤 마음이 들었을까요? (②)

① 슬픈 마음
② 뿌니는 마음
③ 흐뭇한 마음

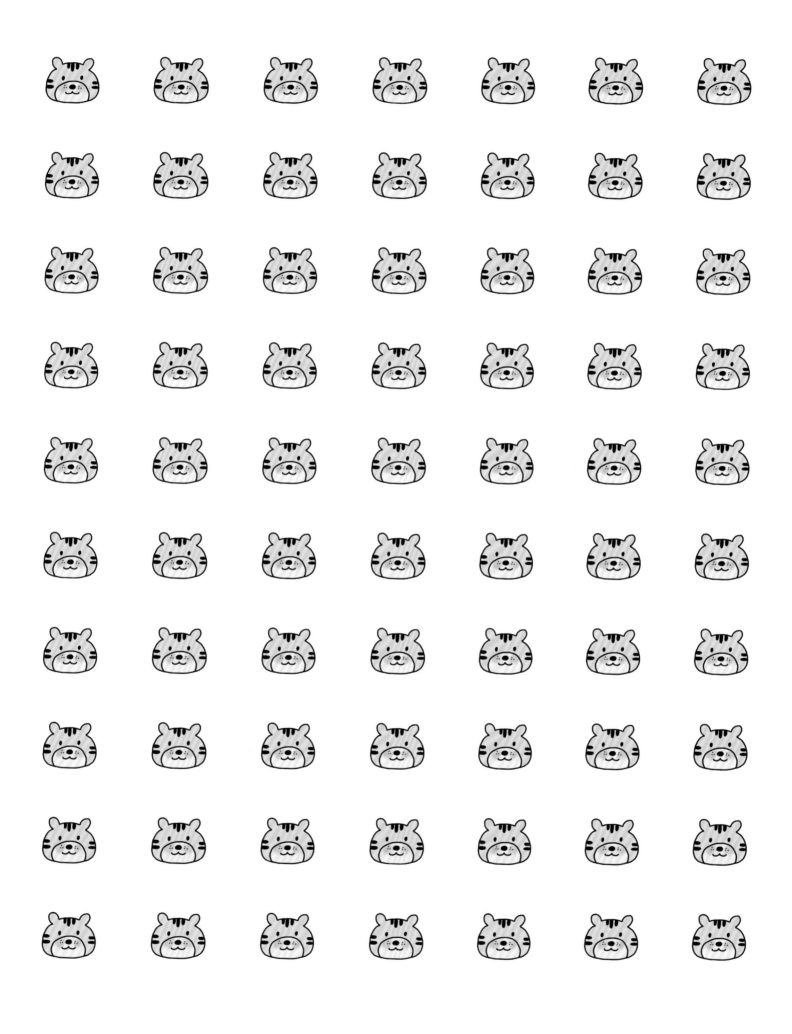

가 나 다 라 마

바 사 아 자 차

카 타 파 하

살금살금   꿈틀꿈틀

보슬보슬   싱글벙글

콜록콜록   파닥파닥

까르르   헉헉

토끼   돼지   양